AF554126

SUUM CUIQUE

Paris. — Imprimerie Blanpain, 14, rue Delambre.

IMPRESSIONS

D'UN

BRANCARDIER

PAR

VICTOR PERHEIMER

PARIS

EN VENTE CHEZ TOUS LES LIBRAIRES

1871

—

IMPRESSIONS

D'UN

BRANCARDIER

I

Comment je devins brancardier.

L'homme des Tuileries venait de rendre son épée !

Paris se crispait de rage, et pas une lèvre n'était vierge de malédictions.

Un deuil profond assombrissait les visages, car on ne pouvait plus dire comme le roi chevalier : *Tout est perdu, fors l'honneur!*

L'Allemagne terrassait la France !...

Cependant une femme, coiffée du bonnet phrygien, soulevait pour la troisième fois sa pierre sépulcrale, appelant à elle tout ce qui restait de souffle et de virilité :

C'ètait la République.

L'empire était mort, noyé dans la honte, et l'histoire clouait son cadavre au pilori de l'avenir.

« Des armes! » criaient les uns. « Des canons! » répondaient les autres... Et tout le monde se levait comme un seul homme.

L'entrain était sublime, car c'était le cri de la nation, le réveil du patriotisme.

Çà! pensai-je, quand l'heure du travail arrive, il serait assez naturel que je misse aussi, comme on dit vulgairement, un peu la main à la pâte. Je suis Français, ventre-saint-gris! et je ne dois pas laisser à mon voisin tout le poids de la besogne!

Je me trouvais alors dans les Champs-Élysées, près du palais de l'Industrie. Une foule assez considérable en entourait les abords, et sur le dessus de la porte IV du monument on lisait : *Société de secours aux blessés de terre et de mer.*

J'appris qu'il se faisait là des enrôlements volontaires pour la durée de la guerre.

J'entrai.

— Pardon, monsieur, où dois-je m'adresser pour les engagements?

— A gauche... dans le fond de la nef... où vous verrez un grand monsieur avec de longs favoris noirs.

— Merci.

Cinq minutes après, le grand monsieur aux longs favoris noirs, après m'avoir toisé des pieds à la tête, m'informait que j'eusse à me trouver au palais , à deux heures précises de l'après-midi, pour répondre à l'appel.

J'étais reçu brancardier !

Je sortis du palais fier comme Artaban !

II

A prendre ou à laisser.

Le même monsieur, celui qui m'avait incorporé le matin, armé le soir de sa feuille d'appel, nous fit mettre sur deux rangs, et ânonna sa liste de présence.

L'extra que j'avais fait le matin, *composé d'un ordinaire et demi et de quatre sous de vin*, avait tellement virilisé l'accent de ma voix, que, quand arriva mon tour de constater mon incorporation, je poussai un « Présent ! » d'un tiers de ton au-dessus de mon timbre ordinaire.

Ce qui me prouva une fois de plus que sans une bonne nourriture on ne fait rien de bruyant.

L'homme aux longs favoris, s'adressant ensuite aux chefs de notre escouade, s'exprima en ces termes : « Conduisez *ces* hommes au magasin général, et faites-*les* habiller. »

J'ai constaté, depuis, que ce monsieur était encore un des plus polis de l'établissement, à l'époque.

Qu'on juge, d'après cela, de ce que devaient être les autres!

Le major et son caporal ouvrirent alors la marche, et nous allâmes, couplés comme des bœufs, faire couvrir notre carcasse des vêtements d'ordonnance.

Un chapeau de feutre noir, une cravate bleue, une vareuse ornée d'une croix rouge sur fond blanc, deux chemises, un pantalon de drap gris, un autre de toile écrue, une blouse, une paire de souliers, des guêtres blanches, une ceinture de flanelle rouge, un sac, une gamelle et une couverture de laine : tel était l'ensemble de l'équipement que nous octroyait la Société.

C'était le premier jour de ma vie où, en si peu de temps, je recevais tant d'objets; j'en étais à la fois confus et ébloui!

Quand je vais rentrer dans le quartier avec tout ça sur le corps, songeai-je en moi-même, on ne me reconnaîtra plus!... Et dire que sans les Prussiens, je n'aurais peut-être pas de longtemps encore pu renouveler ma garde-robe!...

Décidément « à quelque chose malheur est bon. »

Dame! je pourrais citer des gens qui se sont enrichis grâce à M. de Bismark, j'en connais...

Quand nous eûmes touché ce qui nous revenait, le major nous fit faire volte-face, et nous reprîmes le chemin de la nef du palais.

Chacun alla dans un coin, se dépouiller de ses hardes de pékin pour endosser les insignes de la Société Internationale de secours aux blessés.

Quand nous revînmes rejoindre nos chefs de brigade, c'est à grand'peine qu'ils nous reconnurent.

Fallait-il, bon Dieu! que nous fussions mal mis auparavant?... Hein, je vous le demande!

Notre major s'avança vers nous, et, détachant sur ses subalternes un regard olympien : « Demain, à 6 heures du matin, appel et exercice!... Vous avez 3 francs par jour...Rompez les rangs.»

La cérémonie était finie, nous pouvions nous retirer.

Je mis mon sac sur mon dos, et pris le chemin du logis. Eh bien! je vais vous faire une confidence : je fus pendant le trajet assez simple pour me croire un instant, sous mon nouvel accoutrement, quelque chose de plus que l'Auvergnat du coin, auquel pourtant mon chapeau me faisait, sans que je m'en doutasse, ressembler à s'y méprendre !...

Un petit détail : la majeure partie des effets qui m'avaient été donnés étaient ou trop larges, ou trop étroits... Quand je parlai de les changer le lendemain, le major me répondit que c'était à prendre ou à laisser, qu'ils avaient tous été faits sur la même mesure.

O prévoyance humaine, je te reconnais là !

Autre détail : il nous manquait des mouchoirs et des chaussettes... J'en fis l'observation respectueuse à mon major, il me répondit, en haussant les épaules : *que ça était parfaitement inutile... Que c'étaient des objets de luxe!...*

Pas difficile le major !...

III

Messieurs nos majors.

Si l'exactitude est la politesse des rois, la ponctualité doit être la loi du brancardier. Aussi arrivai-je le lendemain à mon nouveau poste quelques minutes avant le coup de l'heure réglementaire.

Un autre monsieur, que je n'avais pas encore vu, apparut; celui-là n'avait pas de favoris, mais il avait la moustache à la Victor-Emmanuel.

Il portait la croix de la Légion d'honneur.

On me dit que c'était notre commandant.

Toutes les escouades se mirent en rangs.

Après nous avoir passé en revue, le nouveau venu articula : « Garde à vous !... Division, à droite, alignement !... attention à l'appel !... »

Le rideau levait, les acteurs étaient en scène.

Quand l'appel fut terminé, l'exercice commença. On nous fit marcher par le flanc droit, par le flanc gauche, au pas ordinaire, au pas accéléré, au pas gymnastique.

Cela dura une bonne heure.

Puis on nous arma de brancards mobiles : on les ouvrait, on les fermait... on les refermait, on les rouvrait... Un homme simulant un blessé se couchait dessus ; deux autres le portaient pianissimo... Un second prenait sa place ; deux nouveaux porteurs le transportaient toujours pianissimo, et ainsi de suite jusqu'à ce que chacun de nous y eût passé, ou comme martyr supposé de la guerre, ou comme brancardier philanthrope.

Ce manége se renouvelait chaque matin.

Cela pouvait avoir son bon côté comme emploi de temps, mais comme application sur un champ de bataille, c'était, avec le *pianissimo* recom mandé, tout simplement impraticable.

Donc, ici comme ailleurs, je remarquai une fois de plus que la théorie absorbait la pratique

Mais comme je n'avais aucune voix au chapitre je m'inclinai devant la volonté suprême.

Puisque je suis en train de commettre des indiscrétions, laissez-moi vous servir messieurs nos majors.

La pléiade des grosses têtes du lieu, les importants du jour.

Ces messieurs nous passent en revue, c'est bien le moins que nous leur rendions la monnaie de leur pièce.

Commençons d'abord par les majors principaux.

Les deux que vous voyez là-bas, un petit et un gros, sont, m'a-t-on dit, des élèves en pharmacie.

On ne pouvait mieux choisir pour nous faire... aller.

Comme les frères siamois, ils ne se quittent jamais.

C'est Oreste et Pylade.

Quand l'un commence une phrase, l'autre la finit.

Ils ont les mêmes instincts de vitalité et de victuaille.

Si l'un d'eux venait à changer de sexe, l'autre le demanderait le lendemain en mariage.

Ce serait un couple parfaitement assorti.

En résumé, ce sont de braves garçons qui feront plus tard d'excellents pères de famille.

Une bonne dot ne leur serait pas désagréable.

Avis aux demoiselles à marier.

Passons aux majors simples.

Ceux-là sont de suite jugés.

Enorgueillis de leur grade, ils ne doutent de rien, connaissent tout, et, si les soldats de Guillaume sont entrés à Paris, nom de nom ! c'est qu'eux étaient ailleurs.

A leur point de vue, les hommes qu'ils commandent sont des machines.

Ils écrivent comme ils parlent, c'est-à-dire qu'ils parlent aussi mal qu'ils écrivent.

Ils disent : « *Je suis été... Je leur-z-y ai répondu.* »

Ils écrivent : ordre avec un H et considération avec un Q.

Ils aiment la déférence et ne refusent jamais la politesse d'un petit verre.

Au demeurant, ils ne tueraient pas une mouche, et les airs de matamore qu'ils se donnent ne sont qu'un effet de pose pour la galerie.

Ils sont tous bons enfants.

Ce qu'il y a de plus risible, c'est qu'aucun d'eux ne sait commander.

Et maintenant, Messieurs et Mesdames, que vous connaissez nos chefs d'escouade, permettez-moi d'aller déjeuner pour mieux laisser une ligne de démarcation entre le supérieur dont je vous ai parlé et l'inférieur dont je vous entretiendrai à mon retour.

Si vous devez faire comme moi, bon appétit !

A bientôt.

IV

Les Chevaliers de la Croix-Rouge.

Il y avait, dans un coin du palais de l'Industrie, un endroit spécialement affecté au repos des brancardiers subalternes, naguère ironiquement appelés, par le perruquier de Beaumarchais, les chevaliers de la Croix-Rouge.

C'est là que se réunissaient les hommes du monsieur aux longs favoris noirs.

Qu'étaient ces gens?

Je vais vous le dire.

De braves artisans, pour la plupart, qui, pensant qu'il allait falloir des bras pour ramasser leurs frères d'armes, étaient venus, au risque de leur vie, offrir tout spontanément les leurs.

De bonnes natures sous une écorce peut-être parfois un peu rude, mais qui n'ont jamais boudé devant le travail, ni reculé devant le danger.

Celui qui soutiendrait le contraire, me forcerait à lui répondre « qu'il en a menti. »

Voilà ce qu'étaient les chevaliers de la Croix-Rouge.

On les a souvent méconnus, c'était un tort ; on les a même quelquefois insultés, c'était une lâcheté !

Beaucoup n'ont enduré l'affront que pour rapporter un morceau de pain aux leurs, et ce pain-là était dur à gagner; donc, s'ils ont gardé le silence, que ceux qui les ont froissés ne se vantent pas.

Il est honteux et petit de maltraiter un homme qui a les poings liés, et c'est donner un triste échantillon de son courage, que de s'en prendre à l'impuissance !

Qui se sent morveux, se mouche.

On prétendait que nous étions, en général, impolis. Si ceux qui nous adressaient ce reproche avaient toujours été convenables avec nous, nous n'aurions jamais cessé de l'être avec eux.

Continuons.

On nous accusait aussi d'être souvent en ébriété. Je sais, il est vrai, que quelques-uns séjournaient peut-être un peu trop au comptoir de Bacchus mais, dans tous les cas, je ferai observer aux abstêmes maquillés qui les mettaient à l'index, que, s'ils se lestaient avec la solde qu'ils recevaient, ils ne devaient pas être lourds bien longtemps.

Une petite observation : je me suis toujours demandé comment les *deux ou trois purs* qui nous accusaient, pouvaient, eux, s'apercevoir que nous étions éméchés.

En somme, si les chevaliers de la Croix-Rouge étaient de si pauvres sires, pourquoi la Société les conservait-elle?...

Quand je dis « Société » c'est pour ne pas nommer certains individus dont nous dépendions, on ne sait pourquoi, et auxquels on laissait beaucoup trop la bride sur le cou...

Remarque : Si vous voulez que le travail de la ruche s'accomplisse sans trouble, écartez-en les frêlons.

V

La pelle et la pioche.

Lecteur, vous voilà initié maintenant au genre de nos exercices quotidiens, et vous demeurez convaincu, n'est-ce pas, que le plus maladroit, à la condition d'être bipède et pas manchot, pouvait remplir ses fonctions sans diplôme.

C'est aussi mon avis.

Au bout d'un certain temps on jugea convenable de varier nos occupations, c'était probablement pour chasser l'ennui qui naît de l'uniformité.

Les Allemands étaient partis, nous les remplaçâmes.

On nous fit la gracieuseté de nous armer... d'un balai, et chaque matin nous devions rapproprier le palais, et enlever les toiles d'araignées.

C'était une mission de confiance.

Puis on inventa des factions, on créa des plantons, et le plus petit chef en voulut un à sa porte.

Ces messieurs nous accordaient l'honneur de veiller sur leur personne.

J'avoue, pour ma part, avoir été plus touché par le froid que par la reconnaissance.

Céla tenait probablement à ce que j'étais difficile à contenter.

Ce n'est pas tout, on nous fit coucher au palais; on y établit un corps de garde, et les factions de jour se renouvelèrent la nuit.

C'était, nous disait-on, pour nous habituer aux fatigues et au coryza.

Merci !

Nous cumulions donc les emplois : nous étions infirmiers, balayeurs, plantons : on nous fit emménageurs.

Il s'agissait de métamorphoser, au premier, les salons du palais de l'Industrie en salles d'ambulance.

La peinture et la sculpture allaient céder la place aux cataplasmes et aux tisanes.

L'avantage que nous étions appelés à retirer de notre nouvelle fonction, c'était de pouvoir nous présenter plus tard à la maison Bailly : nous avions fait notre stage.

Qu'y avait-il de patriotique dans tout cela ?

Rien.

Mais il paraît que, dans le moment, la patrie n'exigeait de nous que des corvées de manœuvre.

Un matin, cependant, on choisit vingt hommes, on leur donna une pelle et une pioche.

On s'était battu la veille à Châtillon.

Nous partions pour enterrer les morts !

Ah ! je me rappellerai longtemps cette première sortie, et l'impression lugubre que j'en ai rapportée.

Au milieu de la plaine, au pied de deux grands peupliers, il y avait là, pêle-mêle, étendus, sanglants et glacés, une cinquantaine de pauvres soldats. On les avait ramassés la veille, nous venions pour les inhumer.

Nous ouvrîmes alors dans le champ une tranchée peu profonde, hélas ! et en toute hâte : l'armistice ne nous accordait que deux heures pour remplir cette besogne funéraire.

Quand la fosse commune fut à peu près creusée, nous allâmes chercher les corps.

J'avoue avoir éprouvé dans ce quart d'heure un vrai serrement de cœur.

Les pauvres garçons étaient tous jeunes! beaucoup étaient frappés à la tête, certains au cœur. Le sang de leur blessure était à peine figé! En les regardant on voyait qu'ils étaient morts en braves.

Après avoir pris leur numéro matricule, nous les déposâmes dans leur lit de repos, côté à côte, et la tête tournée vers Paris.

Quelques pelletées de terre les eurent bientôt cachés à nos regards.

Il avait fallu vingt ans pour en faire des hommes, une seconde avait suffi pour en faire des cadavres!

Ils dorment là-bas du sommeil éternel, loin des leurs, ayant pour tout suaire leur capote de soldat!

Ne pouvant les rendre à la vie, nous les avons confiés à l'immortalité.

Deux jets de bois simulant une croix, et quelques branches de chêne tressées en couronne indiquent où sont leurs dépouilles.

Le temps détruira la croix, l'hiver emportera la couronne, alors, un jour, le laboureur heurtera leurs ossements du soc de sa charrue : qu'il s'arrête avec respect devant ces restes humains, et qu'en les montrant à ses enfants il leur dise : « Mes fils, faites comme moi, saluez !... »

Midi sonnait, c'était l'heure où expirait l'armistice. Nous nous éloignâmes en jetant un regard en arrière : c'était l'*adieu* suprême que nous donnions à ceux que nous venions de quitter, à ces jeunes martyrs qui s'étaient défendus comme des lions, et qui étaient tombés en Français !

En revenant, je fis cette réflexion : faut-il que les peuples soient aveugles pour s'entr'égorger au grand plaisir de deux gredins couronnés!

VI

Le cercle de fer.

En France, malheureusement, on se croit toujours assez fort pour attendre au lendemain.

C'est, hélas! en vertu de ce principe que nous nous trouvâmes un beau matin pris par les armées de Guillaume dans ce qu'on peut appeler « le cercle de fer. »

De quelque côté qu'on se tournât, c'était un casque pointu qui surgissait à l'horizon, et derrière ce casque d'autres casques encore, et d'autres casques toujours!

Aussi, quand nous voulûmes avancer, on nous répondit : « On ne passe plus! »

Le canon allemand était braqué sur la capitale.

Il est vrai que nous beuglions la *Marseillaise* et que nous hurlions le *Chant des Girondins*.

Pauvre peuple que nous sommes... nous ne

nous guérirons donc jamais de notre légèreté? Tout en nous disant le plus spirituel de tous, nous finirons par prouver que nous en sommes le plus niais.

Il ne s'agit pas de chanter devant la gueule d'un canon, il faut l'aller prendre, et, quand on est assez riche pour payer sa gloire, on ne se met pas dans le cas d'emprunter pour solder le prix de sa défaite !

Notez bien qu'en lançant ici un blâme sur la légèreté de mes compatriotes, je ne prétends pas être exempt de ce même penchant. Je me mets aussi volontiers sur la sellette que j'y place les autres, car je ne me crois nullement doué d'infaillibilité.

La preuve, c'est que si je n'ai pas chanté, j'ai commis une bien autre imprudence : j'ai fait des chansons; oui, des chansons! et je me suis grisé de l'espoir de leur à-propos...

Et dire que je connaissais pourtant la fable de l'Ours et des Deux compagnons !

Mais bah! j'étais Français !

Jugez ! voici un spécimen de mes gloussements patriotiques.

MARCHEZ... ET Q'E ÇA FINISSE !...

Air de : *Paillasse.*

Çà, dites donc, mes p'tits voisins,
Savez-vous qu'vos manières
Vont m'forcer d'vous casser les reins,
Et qu'ça n'tardera guères ?
C'est un point d'honneur,
Et je suis d'humeur
A m'ner rond'ment la b'sogne.
Demandez pardon
Bien vite, ou sinon,
Je franchis l'Rhin et j'cogne.

Vous vous croyez des potentats
Avec vos places fortes ;
Mais le premier v'nu d'mes soldats
En forcera les portes.
Allez, croyez-moi,
Dit's à votre roi

Qu'on secoûra ses puces,
Et que, quand ça s'ra,
On ne s'arrêtr'a
Qu'au fin fond de la Prusse.

On dit qu'vous guignez en jaloux
Notre p'tit vin qui mousse.
J'comprends ça... mais c'n'est pas pour vous
Que chez nous la vign' pousse !
Contentez-vous donc
De votre houblon,
Et n'ayez pas l'audace,
D'approcher trop près
Des remparts français,
Ou j'réponds pas d'la casse.

Enfin, Prussiens, vous ê'ts prév'nus,
Car moi je n'sais pas feindre :
Si vous vous trouvez mal reçus,
I faudra pas vous plaindre...
J'ai là des turcos,
Souples et dispos,
Qui s'charg'nt de l'exercice.
On vous soign'ra ça,
Et si ça vous va,
Marchez... et qu'ça finisse !...

Ils ont marché !... voyons, entre nous, était-ce assez réussi ? avais-je du flair ?... hein !...

Si jamais je deviens prophète, ça vous étonnera, n'est-ce pas ?... eh bien ! moi aussi !

Imbécile ! le jour où l'on me reprendra à écrire de ces choses-là... c'est honteux, ma parole d'honneur !

Pouah ! ça me dégoûte.

Mais, me direz-vous, vous n'étiez pas le seul qui fissiez de ces sortes de chansons !

Hélas ! non... vous êtes bien bon, je vous remercie...

Mais depuis quand la sottise du voisin autorise-t-elle la nôtre ?...

VII

L'escalier de sang.

Tout le monde connaît le palais de l'Industrie, il est donc inutile que j'en décrive l'intérieur.

Dans ces grandes salles, où naguère étaient exposés tant de chefs-d'œuvre, il n'y a plus que des lits, avec un numéro au chevet. Ce palais, encore hier le rendez-vous du génie de la création, est devenu l'asile de la souffrance.

Le pinceau et le burin ont disparu pour céder la place au scalpel.

Toutes les nations l'avaient jadis paré du produit de leur esprit : on applaudissait ; une seule, l'a depuis voilé de deuil : on la maudira.

Tenez, regardez!... voyez toutes ces figures pâles, ces yeux caves et ces traits contractés! Dans ces salles il y a plus de trois mille malheureux. Les balles ennemies ont troué leurs poitrines, ou brisé leurs membres. Les obus ont labouré leurs chairs.

Beaucoup, hélas! ne reverront plus leur famille !... sur dix il en périt cinq dans d'atroces douleurs.

Quand on leur dit : « Courage!... ce n'est rien... » ils hochent la tête, et vous répondent : « Vous avez mon livret ?... Eh bien ! vous écrirez « au pays qu'Annette ne compte plus sur moi... « C'est fini ! je m'en vais !... Ce qui me fait de la « peine, c'est de n'être pas enterré là-bas... auprès « des miens... mais ça ne se peut pas... ah ! que « je souffre, mon Dieu !... que je souffre ! »

Puis ils ramènent leur drap sur leurs fronts, on entend un petit sanglot; une larme monte à leurs paupières, c'est le souvenir du sol natal; c'est l'adieu de l'âme à tout ce qu'elle a aimé !

Le lendemain ils sont froids comme le marbre, le plomb qui les a frappés a été sans pitié.

Il n'a respecté ni leur jeunesse ni leur amour; pour lui ce n'était pas assez de leur sang, il lui a fallu leurs cadavres.

Il les a!

Ah ! si vous aviez seulement entrevu les plaie, que j'ai vues, comme vous auriez reculé, saisi d'épouvante et d'horreur! C'était affreux!

La plume est impuissante pour exhiber de telles blessures; qui n'a pas vu cela, n'a rien vu

Nous avions des hommes littéralement hachés. On ne savait comment les prendre: on avait peur qu'un de leurs membres ne vous restât dans les mains!

Avec quels engins avaient-ils été frappés pour être ainsi broyés, c'est ce que nous nous demandions.

Un matin, je passais dans la salle 3 ou 4, je ne me rappelle pas bien laquelle, mais qu'importe! Il y avait là sur un lit un mobile de 24 à 25 ans. Un médecin le pansait. Savez-vous ce que ce pauvre jeune homme avait reçu dans la lutte?...

Je vais vous le dire : une balle lui avait traversé le cou, une autre lui avait brisé la rotule, et un éclat d'obus lui avait enlevé une partie des reins.

Ce n'était plus un être humain, c'était une plaie horrible et béante!...

Il crachait le sang à pleine cuvette.

Il a râlé pendant trois jours!

C'était la lutte de la jeunesse contre la mort.

Ça fendait l'âme!

Je ne vous parle pas de ceux dont les doigts pendaient, retenus par un fil de peau; de ceux qui avaient la moitié du facies emporté et l'œil sorti de l'orbite ; de ceux enfin dont le front ouvert laissait voir la cervelle!

Chaque jour il nous arrivait de ces pauvres êtres-là.

Bien des fois ils laissèrent une tache rouge sur les marches de l'escalier de pierre, par lequel nous les montions au premier étage du palais : c'était leur blessure qui se rouvrait!

Aussi avions-nous surnommé cet escalier, « l'escalier de sang. »

Beaucoup, soutenus ou portés par nous, l'ont franchi pour la première et la dernière fois!...

VIII

L'antichambre de la mort.

Je ne connáis rien de plus triste qu'une rangée de lits d'ambulance, où toutes les douleurs, sans être les mêmes, se coudoient presque.

L'air qu'on respire dans ces endroits glace le cœur, atrophie les sens ; et l'interne, qui passe d'un malade à l'autre, m'a toujours fait l'effet d'un préposé aux évacuations terrestres qui venait viser les passeports pour l'éternité.

Je n'ai jamais pu regarder ces jeunes gens, au fond tous braves et bons garçons, avec leur serpillière, leur trousse, leurs paquets de charpie et tous les accessoires, sans éprouver un frisson.

Pourquoi?... je l'ignore ; mais il y a de ces « je ne sais quoi » qu'on ressent et qu'on ne saurait expliquer.

Que voulez-vous, on ne refait pas sa nature.

Parlons d'autre chose.

Dans un recoin du palais de l'Industrie, vers le pavillon nord-ouest, était une sorte de petite salle, dont la porte ne s'ouvrait, hélas ! que trop souvent.

Dans cette salle, on apercevait une ou deux chaises, une table longue, sur laquelle était un matelas, recouvert d'une toile cirée, quelques cuvettes et des appareils de chirurgie.

Cet endroit s'appelait l'amphithéâtre.

J'ai préféré lui donner le nom « d'antichambre de la mort ! »

C'est peut-être prétentieux, mais ça frise plus la vérité.

Si vous n'avez jamais vu comment on charcute un homme, entrez là !... mais si vous avez le cœur faible et les yeux délicats, ne franchissez pas le seuil de la porte.

Chaque jour, il était rare qu'il n'y eût pas une opération.

Voici comment on procédait :

Nous emportions le blessé sur un brancard, et nous le placions ensuite sur le matelas, recouvert de la toile cirée. Là s'arrêtait notre rôle et nous demeurions alors spectateurs muets.

Le chirurgien lui passait sous les narines un mouchoir imbibé de chloroforme ; quelques secondes après, le mutilé dormait d'un sommeil de plomb.

Alors, celui qui devait opérer ce malheureux ouvrait sa boîte de chirurgie. En le voyant toucher à tous ces outils-là, on avait froid dans le dos. Il retroussait ses manches ; et, prenant le membre qui devait disparaître de l'ensemble humain, après avoir, avec une lame d'acier, écarté les chairs jusqu'à l'os, il attaquait l'os avec la scie.

Cette opération vous faisait grincer des dents malgré vous, et ça finissait par vous donner la chair de poule.

L'amputation faite, il ramenait la peau en surget sur les chairs, cousait et ligaturait.

Le patient en rouvrant les yeux, avait un bras ou une jambe de moins !

J'en ai vu qui pleuraient.

J'en ai entendu d'autres qui disaient : « Nom « d'un chien ! c'est bête ce que vous avez fait « là !... vous n'auriez pas dû m'endormir : j'aurais « vu comment que ça se pratiquait. »

Un seul s'est réveillé au moment où la scie mordait dans la moelle de l'os.

Il ne put maîtriser un cri.

« Ce n'est rien, mon ami... c'est fini, » murmurait l'opérateur avec un sang-froid inqualifiable et tout en continuant sa besogne.

Je me demandais ce qu'aurait répondu celui qui trouvait que ce n'était rien s'il avait été à la place de l'autre.

Si j'ai nommé l'amphithéâtre du palais de l'Industrie « l'antichambre de la mort, » c'est qu'hélas ! la camarde effleurait déjà de son souffle mortel beaucoup de ceux que nous amenions dans cet endroit lugubre.

« A demain ! semblait-elle leur dire, à demain !... »

Elle disait vrai : la science en était, les trois quarts du temps, pour ses frais.

Mieux eût valu laisser l'homme mourir au complet.

Mais on ne voulait rien avoir à se reprocher.

C'est pour cela que sur 50 amputés, 40 s'en allaient.

Je dois cependant dire qu'on finissait toujours par découvrir la cause de la mort, après qu'il n'était plus possible de rendre la vie au trépassé.

C'était une satisfaction pour celui qui restait.

IX

Est-ce oui? Est-ce non?

Il y a des moments dans la vie où le cerveau le mieux organisé est ahuri.

Vous n'êtes pas sans avoir entendu parler de la position du troubade vis-à-vis de son supérieur, quand celui-ci, sommant celui-là de s'expliquer, lui coupe la parole par le : « Taisez-vous » suivi immédiatement du : « Expliquez-vous ! »

Chez nous, c'était un peu comme ça sous le rapport de l'exécution des mouvements.

Tous ceux qui avaient le droit de se croiser les bras commandaient en même temps, et chacun selon sa jugeotte.

Chose à remarquer, c'est que cela n'arrivait jamais qu'à l'heure où une prompte décision était à prendre. Ce qu'il y avait de plus renversant, c'est qu'on trouvait que nous avions l'intelligence obtuse.

— Allons, sac au dos !

— Avec la couverture ?

— Sans couverture.

— Ça y est !

— Eh bien !... pourquoi n'avez-vous pas votre couverture en guise de sac ?

— Pardon !... on nous a dit tout à l'heure qu'il n'était pas nécessaire de la prendre.

— Moi, je vous dis d'aller la chercher et de laisser votre sac.

— Très-bien !

— Vite, vite, les enfants !... Pourquoi cette couverture sans le sac ?

— Mais... c'est le major qui vient d'ordonner de prendre l'une et de laisser l'autre.

— Quel major ?

— Le major de service.

— Du tout, du tout !... vous avez mal entendu ; prenez votre sac, et roulez la couverture dessus.

— Voilà... c'est fait !

— Dépêchons ! dépêchons !... ni sac, ni couverture... c'est inutile.

— Ah çà ! faudrait pourtant s'entendre... On nous dit d'un côté...

— Quoi ?... je vous dis, moi, d'enlever ça !... enlevez ça !... et pas d'observations... vous n'avez d'ordres ici à recevoir que de moi...

— Suffit, monsieur le délégué, suffit !

. . . .

. . . .

Voilà un léger aperçu de l'entente avec laquelle on procédait assez souvent, au moment d'un départ et d'un service à faire.

C'est en vertu de ces hésitations que nous sommes quelquefois arrivés quand la besogne était faite par d'autres.

Un homme pourtant était là pour organiser tout bien, et d'un seul mot, mais c'était positivement celui que l'on s'étudiait le plus à contrarier, quand venait l'heure d'agir.

J'ai nommé notre commandant.

Un brave qui avait fait ses preuves, celui-là, et qui n'avait pas été décoré pour rien !

Mais il était de ceux auxquels la franchise fait des ennemis ; il avait en outre l'épine dorsale peu flexible.

Les grands du lieu le saluaient, parce qu'ils

ne pouvaient faire autrement, et nous, parce que nous l'estimions.

Mon intention était de lui consacrer un chapitre dans un autre endroit; mais, puisque je viens d'en parler, et qu'une place vaut l'autre, je ne vois pas ce qui m'empêcherait de le biographier ici plutôt qu'ailleurs.

C'est ce que je vais faire... sans sa permission.

S'il n'est pas content, il me le dira.

Si cela choque ceux qui auraient dû tenir à être bien avec lui, j'en suis vraiment fâché, mais je ne descendrai jamais à leur faire des excuses.

Avis à certain délégué et à quelques-uns de ses aimables compagnons.

X

Le commandant.

L'homme que je mets en scène est de moyenne taille : du reste, dans les petits sacs, les bonnes épices.

Il a le regard franc et le cœur haut placé.

Nous lui devons tous un cierge ; au nom de tous, je suis heureux de lui offrir ce luminaire.

Pour nous, il n'a jamais été un chef, il est toujours resté un camarade.

Il ne connaît qu'une chose : le devoir ; il n'a qu'une idole : l'équité.

Comme homme du monde, c'est la douceur; comme ancien soldat, c'est la témérité.

Il aime la France comme on aime sa mère.

C'est une nature du plus bel acier : elle n'a pas besoin d'être fourbie pour reluire.

Notre commandant se nommait Féraud.

En 1859, il recevait, pour services exceptionnels rendus à la France avant, pendant et après la campagne d'Italie, le ruban rouge de la Légion d'honneur.

Il était alors commandant de la garde nationale de Nice.

Rentré plus tard dans la vie privée, il descendait paisiblement le cours de l'existence, quand, un matin, il apprend la nouvelle de l'invasion prussienne.

Il bondit, et n'écoutant que son courage, il prend le chemin de Paris, laissant son vieux père, sa femme et son dernier petit enfant.

Deux de ses fils étaient depuis longtemps sous les drapeaux : il accourt, lui, comme volontaire, pour se rapprocher d'eux et partager leurs périls !

A son arrivée, il comptait avoir un commandement dans les Éclaireurs de la Seine.

Son âge et d'innombrables formalités à remplir deviennent un obstacle à l'obtention du grade qu'il désirait avoir.

Il fronce le sourcil, mais il ne s'avoue pas battu.

Il n'est pas venu de si loin pour reprendre la

route qu'il a franchie; il est parti en se promettant d'être encore une fois utile à la France, il ne reviendra qu'après avoir tenu son serment.

Empêché d'un côté, il se retourne d'un autre.

Comprenant à regret qu'il ne peut plus se servir d'une épée, il s'enrôle dans les ambulances de la Société internationale pour toute la durée de la guerre.

Le canon gronde, les mitrailleuses crépitent, les balles sifflent.

Il s'élance le premier sous le feu en nous entraînant avec lui. Qui ne l'a vu à Châtillon, à Villejuif, à Rueil, à Bagneux, à Champigny, à Montretout, se multiplier de toutes les façons, en donnant sans cesse l'exemple du dévouement le plus entier?

Le cœur est son unique mobile et ses jambes ont retrouvé leurs vingt ans !

Sans lui nous aurions été courageux, avec lui nous étions braves !

Ce serait un excellent instructeur pour les futurs soldats de la revanche.

S'il ose, qu'il me démente !

J'ai dit sur son compte tout ce que j'avais à dévoiler ; s'il me gardait rancune, il aurait tort.

Un dernier mot : Quand il mourra, son épitaphe sera peut-être difficile à faire, à moins de graver sur sa tombe le passeport que lui ont remis, à son départ, les brancardiers de la Société :

« Partout où, pour sauver, il a fallu payer de « sa personne, on a toujours rencontré en pre- « mière ligne le commandant Féraud. Partout « où il y avait une souffrance à calmer, une pro- « tection à donner et son pain à partager, on a « vu le commandant des brancardiers.

« Estimé de nous tous, il emporte un regret « universel.

« C'est la vaillance personnifiée ; c'est la bonté « par excellence.

« Puissent ces lignes rendre suffisamment « hommage à son mérite en lui rappelant que « ceux qui les lui dédient, à titre d'adieu forcé, « sont et resteront toujours ses meilleurs amis « et ses plus dévoués défenseurs. »

XI

Les ambulances volantes.

Paris, comme je l'ai déjà dit, assiégé de tous les côtés, ne pouvait plus bouger; son investissement se resserrait même de plus en plus.

Ça devenait agaçant.

Les Prussiens, eux, attendaient patiemment.

Ils savaient très-bien qu'un jour où l'autre il ne resterait à la capitale qu'à choisir entre une sortie en masse, qui ne les effrayait pas, ou la capitulation, sur laquelle ils comptaient.

On leur avait, du reste, donné assez de répit pour qu'ils se soient fortifiés à leur aise.

Puis ils avaient une tactique à eux, une discipline à eux, une manière de faire la guerre à eux, et, comme jusqu'alors, tout cela leur avait toujours réussi, ils avaient l'air de nous dire, en souriant :

« Ne vous gênez pas, nous ne sommes point pressés. »

Les choses en étaient là, quand une après-midi, on nous avertit de nous tenir prêts à sortir le lendemain, avant la pointe du jour.

Il y allait avoir du nouveau. L'heure du branle-bas était arrivée.

Cela motiva un changement dans le service actuel.

On forma de suite douze escouades. Chaque escouade était composée d'un chirurgien, de deux aides, de trois délégués, chargés alternativement des fonctions de délégué fourrier pour le ravitaillement, d'un aumônier et de brancardiers.

L'escouade, en entrant en campagne, prit le nom « d'ambulance volante. »

Elle avait des voitures pour le transport des blessés, et des fourgons pour celui du matériel et des vivres.

Le personnel, appelé à l'œuvre, représentait un effectif à peu près de 200 hommes.

Nous allions donc enfin sortir de la monotonie journalière qui nous écrasait au palais.

Plus de factions! plus de balayage! plus de

corvées nauséabondes ! Notre mission, la vraie, commençait.

Ainsi qu'on nous l'avait annoncé la veille, nous partions le lendemain, à cinq heures du matin, pour Joinville-le-Pont.

On se battait dans les parages de Champigny.

— Tiens ! dis-je à mon camarade en montant en voiture, voilà une belle occasion pour toi de te débarrasser de ta femme !

— Comment ça?

— Ne m'as-tu pas répété souvent qu'elle t'ennuyait ?

— Oui.

— Eh bien ! nous allons probablement aller sous le feu de l'ennemi pour ramasser nos frères, fais-toi tuer...

Je voulais savoir s'il avait du courage.

J'affirme qu'il vit encore.

Le moyen était pourtant topique.

XII

Bottes et képis.

Il est peu de Parisiens qui ne soient allés à Joinville-le-Pont, charmant petit endroit favorisé des rives de la Marne.

Je me rappelle, pour ma part, y avoir passé de délicieuses journées, mangé d'excellentes fritures, et fait de ravissantes promenades.

Il y avait là de jolies petites maisons de maître, et de coquets petits chalets bourgeois.

C'était le dimanche un lieu de rendez-vous où l'on venait oublier les travaux de la semaine.

La gaîté et l'aisance régnaient dans le pays.

Aujourd'hui tout y est bien changé.

La guerre, l'horrible guerre, a passé par là, et le souvenir ne se heurte plus qu'à de nombreux débris!

Il était dix heures quand nous arrivâmes à

Joinville. Devant nous, à quelques lieues de là, s'étendait un nuage blanc ; c'était la fumée des fusillades.

Nous nous mîmes de suite en quête de logements pour y établir le quartier général de nos ambulances.

Cela nous fut d'autant plus facile à trouver, que les habitants, pour la plupart, les avaient abandonnés à la hâte.

Jamais je n'avais eu un plus navrant coup d'œil.

Les maisons étaient sans portes, les fenêtres brisées, et dans chaque âtre on voyait des restes de tables, de chaises, de commodes et de bois de lit à moitié consumés. Tout ce qui n'avait pu être enlevé avait été brûlé, c'est-à-dire que toute habitation n'avait plus que ses quatre murs.

C'était le tableau du pillage dans son extension la plus grande.

On ne pouvait voir cela sans penser à la désolation de beaucoup de ménages qui perdaient en quelques jours le fruit de vingt années d'économie et de travail! Pour certains, jeunes encore, c'était la ruine; pour d'autres, plus âgés, c'était la ruine et la misère!

— Est-ce assez triste, tout ça! me dit en entrant dans la maison où j'étais, un brancardier de la 4e escouade.

— En effet.

— Tenez, regardez, ajouta-t-il, en me montrant des bottes saxonnes qu'il tenait à la main, on ne dira point que ce ne sont pas les Vandales de Guillaume qui saccagent : je les ai trouvées dans la maison que vous voyez là-bas... Allez, elle n'a pas été plus respectée que celle-ci ; elle est ouverte à tous les vents et je vous défierais bien d'y trouver une chaise pour vous asseoir, une table pour manger et un lit pour dormir.

— C'est comme ici : ils ont tout brûlé.

— C'est égal, c'est...

— Pas psychologique.

— Non, c'est lâche.

Comme mon compagnon de travail achevait sa pensée, je venais d'apercevoir dans un coin quelque chose de rouge et bleu qui ressemblait de loin à une calotte.

Je m'approchai.

C'étaient des képis de mobiles.

Cela me fit un étrange effet, et je ne pus maîtriser cette exclamation :

— Quoi !... eux aussi !... oh ! non, ce n'est pas possible.

Une heure après j'eus l'explication que je cherchais.

Un vieux mendiant que je rencontrai, me dit que depuis trois jours les Prussiens avaient quitté la localité, mais que les *moblots* les y avaient remplacés jusqu'à la nuit dernière.

— Allez, ajouta-t-il en s'éloignant et hochant la tête, ils ne valent pas mieux que les autres.

J'étais renseigné.

Nota. Pour qu'on ne sût pas le numéro du bataillon, j'ai brûlé les képis.

C'est le seul acte de destruction que j'aie sur la conscience.

Je m'en accuse !

XIII

Champigny.

C'était le 30 novembre 1870.

Il gelait fort, le vent était glacial, l'air imprégné d'une odeur de salpêtre, et la voix du canon faisait trembler la terre.

Des bois et des hauteurs où se tenaient les armées allemandes arrivait une grêle de balles.

Il pleuvait des obus.

Sur un cordon d'au moins une lieue s'étendait l'attaque. A droite, à gauche, au centre, ce n'était qu'une rouge traînée de jets de lumière. On aurait dit qu'il éclairait.

Casematé dans les maisons, ou embusqué dans les taillis, l'ennemi tirait sans trêve.

Dire la quantité de poudre qu'il a brûlée ce jour-là, lui qui nous accusait d'abuser de la nôtre, et le nombre de boulets qu'envoyait son artillerie, serait impossible. C'était un feu incessant, un acharnement sans exemple, une prodigalité de mitraille sans précédent.

Le sol était jonché de projectiles.

Des bataillons de ligne et de mobiles répondaient au feu allemand par des fusillades aussi vives que la parole.

Jamais je n'avais entendu pareil vacarme. Les boulets enlevaient des pans de murs entiers; les mitrailleuses hachaient les arbres.

Attaqués deux fois le matin à la baïonnette, les Bavarois s'étaient repliés; mais des renforts leur étant arrivés, nos troupes durent à leur tour opérer dans l'après-midi un mouvement de recul.

C'est, du reste, malheureusement ce qui arrivait toujours; nous perdions le soir, sous l'accablement du nombre, ce que nous avions occupé le matin; ou, quand après une lutte acharnée, on restait maître du terrain, arrivait un ordre supérieur qui en ordonnait l'évacuation.

Il est vrai que l'on mettait cela sur le compte des canons qui nous manquaient.

Soit! Je le veux bien... mais qu'avons-nous fait de plus, quand nous en avons eu?

Ce qu'il y avait de plus pénible dans tout cela, c'étaient les morts, les hommes tombés pour rien.

J'ai parlé de morts !... c'est le moment ; regardez ! Aujourd'hui vous arrivez à merveille, si vous aimez la vue du carnage. Venez avec moi... Ne craignez rien... Tout le monde ne sait pas ce que c'est qu'un champ de bataille. Partons !... mais avant retroussez votre pantalon : nous allons marcher dans le sang.

Non, dites-vous ; cela m'effraye !... allez-y, vous... c'est votre affaire. Vous me direz ce que vous aurez vu, mais je ne veux pas vous suivre

Soit.

. . . .

. . . .

Eh bien ! monsieur le trembleur, me voilà de retour, et voici ce que j'ai vu :

A gauche, tout le long d'une lisière de bois, un millier d'hommes, tombés pour ne plus se relever, gisent sur la terre ensanglantée. Il y en a dont les membres sont à peine froids ; certains expirent au moment où je m'approche d'eux ; d'autres se soulèvent à demi, me demandent un peu d'eau ; mais déjà leurs dents se rapprochent, leurs lèvres blêmissent, un frisson fait tressaillir leur corps ; ils retombent sur le sol : ils ont vécu !...

J'avance sur la droite en redescendant un petit vallon.

Là, encore des cadavres, toujours des cadavres !... cependant on m'appelle, j'avance :

— Cré nom ! dites-donc, l'ami, est-ce que vous ne pourriez pas m'achever, hein ?... ce serait un service... achevez-moi donc... je vous en supplie !... Qu'est-ce que vous voulez que je fasse maintenant, j'ai cette jambe-ci brisée et ce bras-là cassé...

— Eh bien !... et moi... avec cet éclat d'obus qui m'a emporté une moitié de la figure, qu'est-ce que vous voulez que je fasse de l'autre ? est-ce qu'il ne faut pas mieux qu'on me tue tout à fait !

— Mais non, les amis ; où il y a de la vie, y a de l'espoir... tenez, on apporte des brancards... Nous allons vous enlever, et quand vous serez bien lavés, bien pansés, et couchés chaudement, eh bien ! vous verrez... ça ira mieux.

En portant avec un camarade un de ces deux pauvres soldats, nous traversâmes un petit champ où, quelques heures auparavant, s'était tenu tout un parc d'artillerie. Ce qu'il y avait là de pièces démontées, de morts encore, et de chevaux étendus roides auprès d'eux, je n'ose le dire pour n'être pas forcé de reconnaître la justesse et la puissance du tir de l'ennemi.

En voici un exemple : Trois artilleurs étaient tombés à côté de leur pièce, dont la gueule était à moitié ébréchée ; le premier était coupé en deux, l'autre n'avait plus de tête, et le troisième avait les deux cuisses enlevées.

Enfin, il fallait regarder à chaque pas que l'on faisait, où l'on mettait le pied, pour ne pas marcher sur des tronçons humains !

Dans cette journée, nous avons ramassé plus de 1,500 blessés ; je ne fais pas entrer dans ce nombre ceux qui, moins grièvement atteints, pouvaient gagner l'endroit où dans la plaine étaient remisées nos voitures d'évacuation.

Mais on disait que les Prussiens devaient en avoir eu au moins le double.

La belle consolation !

Si de pareils « on-dit » satisfaisaient notre amour-propre militaire, je ne m'étonne plus du résultat de nos succès.

Il était neuf heures du soir quand nous rentrâmes au quartier général de nos ambulances, c'est-à-dire à Joinville.

Nous avions travaillé dans le sang pendant huit heures consécutives.

Nous étions à jeun depuis quatorze heures.

Au moment où nous venions réclamer nos rations, le préposé au ravitaillement s'aperçut, en ouvrant ses fourgons, qu'il avait oublié d'y mettre les vivres.

Ils étaient restés à Paris.

Ça promettait.

Sans la Providence qui avait fait tomber quelques amis sur un quartier de cheval, qu'ils avaient eu le bon esprit de rapporter, nous serions morts d'inanition.

Soyons juste : le monsieur, préposé à notre alimentation, s'excusa de son mieux en disant qu'il ne l'avait pas fait exprès.

Peut-on être plus naïf !

XIV

Le lendemain du 30 novembre.

Après avoir passé la nuit, comme nous avions pu, couchés sur le carreau, roulés dans une couverture et la tête sur nos sacs, en guise d'oreillers, nous repartions le lendemain pour explorer de nouveau le champ de bataille.

Les Prussiens avaient demandé une suspension d'hostilités pour enterrer leurs morts; nous en profitâmes pour inhumer les nôtres.

Le soleil qui, la veille, s'était voilé la face devant tant d'horreurs, reparut.

C'était sans doute, au moment où nous allions leur ouvrir le champ d'asile, pour éclairer sur leurs fronts la palme du martyre, qu'ils emportaient dans la tombe.

La tranchée fut longue, le travail pénible!

Reposez en paix, nobles défenseurs du pays,

moissonnés avant l'âge, et à qui la mort a dû laisser la douce croyance de l'avoir au moins vengé en succombant !

Ne rouvrez pas les yeux pour garder votre illusion... dormez avec elle ! dormez jusqu'au jour où vos cadets viendront vous dire :

« Frères, la France est vengée, regardez !... »

Quand notre mission de fossoyeur fut accomplie, nous allâmes les uns d'un côté, les autres d'un autre. Nous voulions voir à fond quel était l'aspect réel d'un endroit où l'on s'était battu quelques heures auparavant.

Hélas ! si le bruit de l'airain, si le cliquetis des sabres, le sifflement des balles, le galop des chevaux, les cris, l'attaque et le choc des armes laissent à l'œil le spectacle horrible d'une mêlée sanglante, le silence de mort qui règne le lendemain d'un pareil tumulte ne laisse pas à l'esprit un tableau moins lugubre.

Là, des fusils à moitié brisés, des sabres tordus, des sacs troués par le plomb ; ici, des gamelles éventrées, des képis ensanglantés, des bidons bossués et des fragments de capotes.

Toutes ces épaves sont sans maître !

C'est le commencement de la fin...

En allant de ci, de là, j'arrivai dans un petit enclos.

Le hurlement plaintif d'un chien attira mon regard. En me voyant, l'animal s'avança et me montra les dents.

Je l'appelai de tous les noms imaginables, il resta sourd, mais toujours menaçant.

Il allait et venait, inquiet, soucieux, et ne me quittant pas des yeux, comme une sentinelle en vedette.

Je m'approchai.

Il pleurait!... sa tête était penchée sur un franc-tireur, frappé d'une balle en pleine poitrine, c'était son maître !

Il léchait le sang de la blessure.

Fidèle compagnon, il l'avait suivi dans le danger ; ami dévoué, il le veillait après la mort!

J'appelai alors quelques amis pour inhumer le brave.

Quand le chien nous vit remuer la terre et creuser un trou, il changea tout à coup d'allure.

On aurait dit qu'il devinait ce que nous allions faire.

Il vint à moi, et me regardant plus triste, mais cette fois sans colère, il semblait me dire :

« Que vas-tu faire?... oh ! non, ne me l'enlève pas !... c'était mon ami... il partageait son pain avec moi !... il dort, laisse-le... il ne faut pas lui faire de mal !... »

Pauvre bête !

Quand nous prîmes le cadavre, elle nous suivit le front bas et la queue pendante ; quand nous le mîmes dans la fosse, elle s'approcha et se pencha sur le bord pour le voir encore, pour le voir une dernière fois !...

On aurait juré qu'elle lui disait adieu.

Quand la terre l'eut caché, elle la gratta d'une patte, puis elle s'arrêta en flairant l'endroit où reposait son ami ; alors, relevant la tête, et comprenant sans doute que tout était fini, elle s'éloigna en hurlant la mort !...

Décidément, ce n'est pas drôle, un champ de bataille !

XV

La jument et la croix.

Changeons un instant de gamme.

Tristesse engendre mélancolie.

Les flatteurs, ceux dont la main est toujours tendue pour avoir quelque chose, disaient : « Ça ne m'étonne pas ! »

Les envieux, ceux qui voudraient tout pour eux, murmuraient : « Ça m'étonne ! »

Les indifférents ajoutaient : « Ça m'est bien égal ! »

Ceux qui ne disaient rien, riaient, et c'était le plus grand nombre.

De quoi donc s'agissait-il ?

Oh ! mon Dieu, d'un simple événement auquel personne n'a assisté : s'il y avait eu des témoins, ils auraient parlé, à moins qu'on eût acheté leur silence, ce qui arrive quelquefois;

D'un petit incident survenu à huis clos.

Le héros de l'affaire pouvait donc tout arranger à sa guise.

C'était on ne peut plus commode.

L'ombre prêtait son voile, un mystère profond enveloppait l'aventure.

Voici ce qui s'était passé :

Un gros bonnet, monté sur une jument d'emprunt, était parti le matin de Joinville, sans rien dire, presque en cachette, jusqu'aux avant-postes ennemis.

Qu'allait-il faire si loin ?

C'est encore un secret.

Lui aussi, il avait probablement son plan.

Or, il advint, on ne sait pas encore pourquoi ni comment, que la jument y laissa sa peau : elle reçut un projectile...

Quand l'écuyer revint, atrocement pâle, la tête enveloppée d'un mouchoir de batiste, on crut qu'il était mortellement blessé.

Il n'avait heureusement, — la mort d'un homme, quel qu'il soit, est toujours fâcheuse pour lui, — que quelques légères éraflures.

N'ayant pu, racontait-il, quitter assez tôt les étriers, il avait roulé sur le sol avec sa bête...

Je ne suis pas de ceux qui désirent le trépas du pécheur, et bien que ce cadet de famille n'ait jamais su se concilier la moindre sympathie, je n'étais cependant pas fâché qu'il en fût quitte à bon marché.

Et puis il était jeune : avec l'âge on s'amende.

Il n'y avait donc dans cette affaire qu'une jument de moins, qu'une balle de provenance inconnue, et qu'un cavalier légèrement contusionné.

En résumé, c'était moins qu'un événement, c'était tout au plus un incident banal.

D'autres disaient bizarre.

Cependant les journaux en parlèrent !...

Un peu de tam-tam fait toujours bien quand on peut le payer, ou que l'on a des commensaux qui se chargent de faire mousser la chose.

Le Comité de la défense nationale, atteint depuis longtemps de myopie, crut qu'il s'agissait d'un fait d'armes : il décora le gros bonnet.

Cela nous valut une journée de solde.

C'était régence !

Ce jour-là on avait droit à l'ivresse.

Qu'on me dise maintenant qu'il y a des gens qui n'ont pas de veine!

C'est égal, qu'allait-il faire là-bas ?

J'aime à croire que ce jeune homme ne m'en voudra pas, et qu'il aura le bon sens de reconnaître avec moi que sa décoration n'a coûté cher qu'à la monture d'autrui.

Il a, du reste, à mes yeux, un certain courage.

Cette décoration, il la porte.

XVI

La coupe de fiel.

On dira probablement que je suis un ingrat, et que c'est bas de critiquer une administration dont on a palpé l'argent.

A ce reproche, auquel je m'attends, je n'ai qu'une seule chose à répondre :

Pourquoi vous mettez-vous dans le cas d'être critiqué ?

Or, comme je ne puis évidemment me soustraire à l'épée de Damoclès, et que je ne veux pas, en touchant bientôt à la fin de l'énumération de mes souvenirs de brancardier, reculer d'une semelle, allons jusqu'au bout.

Dent pour dent, ongle pour ongle.

Je fais le lecteur juge, et ça me suffit.

J'ai dit dans un certain endroit de mes impressions, combien peu nous étions en odeur de sainteté auprès des moins importants de la Société internationale, toujours les deux ou trois *purs*.

En voici un dernier exemple :

Le criminel s'échappe rarement sans laisser une pièce à conviction.

C'est la justice qui lui fait commettre cette imprudence. Or, les susdits importants commirent la même imprévoyance.

Était-ce la partie du style qu'ils voulaient qu'on admirât, ou l'intention de nous vexer une dernière fois, qui était leur seul mobile ?

Je ne puis leur faire l'honneur de les prendre pour des académiciens, ni leur accorder le bénéfice d'une préméditation.

C'était tout simplement la bêtise qui faisait le mal.

Le hasard m'a fait découvrir ce spécimen de leur élucubration.

C'est à Saint-Denis que m'est tombé entre les mains cet échantillon féodal.

Je l'ai chez moi ; qui doute vienne, je le lui montrerai.

J'ai été pour ma part profondément blessé, je ne le cache pas.

On ne s'était pas contenté de nous traiter en domestiques, on avait l'impudence d'imprimer le mot.

Ma foi, oui !

Il se trouve tout au long dans la première page d'un petit règlement des ambulances volantes en campagne.

Je copie :

A l'ambulance est attachée une escouade de volontaires, des infirmiers payés suivent comme domestiques.

Est-ce assez coquet ?

Ah ! çà, mes petits messieurs, est-ce que vous auriez la prétention de nous faire croire que vos pères étaient des talons rouges, et vos mamans des châtelaines?

Allons donc !

Si vous avez de l'argent, tant mieux ! conservez-le, car le jour où il vous faudrait devenir brancardiers, vous ne seriez pas même capables de l'être!

Dans ces temps malheureux que nous traversons, vous devriez comprendre que le ralliement complet et sans nuances autour du drapeau est un devoir sacré, que la solidarité existe pour tous, et qu'il ne doit plus y avoir d'esclaves nulle part.

J'ai dit ce que j'avais sur le cœur.

Comme le Christ a pardonné à Magdeleine, parce qu'elle avait beaucoup aimé, moi, je vous pardonne parce que... vous n'avez jamais su ce que vous faisiez, ni compris ce que vous écriviez.

Serviteur !...

XVII

Délégués et Médecins.

Je vous ai fait l'exhibition de nos majors et de divers autres personnages.

Qu'il me soit permis maintenant de faire défiler devant vous messieurs les délégués et médecins de la Société.

Les premiers, tous gens fort à leur aise, parlent haut et se croient des potentats.

C'est de leur main que nous recevions notre provende quotidienne.

Il était donc nécessaire d'être toujours bien avec eux.

Voici ce qu'ils nous distribuaient en campagne :

Vin.	1 litre.
Cognac.	1/8.
Pain.	2 kil.
Riz.	125 gr.
Café.	25 gr.
Sucre.	100 gr.
Chocolat.	100 gr.
Viande fraîche ou salée.	60 gr.,

quand il y en avait.

Ils nous donnaient tout cela avec d'autant plus de laisser-aller, qu'ils savaient fort bien que ce n'était pas nous qui mangions les boîtes de conserves et les confitures.

Un seul apportait cependant dans sa distribution une rigidité des plus mesquines : on aurait dit qu'il sortait ça de sa poche.

Il devait savoir combien il y avait de grains de riz dans les 125 grammes que nous recevions.

Le jour où vous aurez besoin d'un économe, je vous dirai son nom et vous donnerai son adresse.

Au demeurant, ces messieurs étaient assez débonnaires.

Ils portaient à peu près tous des bottes à la

Souvarow et des croix... de la convention de Genève autant que l'on pouvait en mettre.

En gens sérieux, ils ne s'avançaient qu'avec le drapeau d'ambulance, qu'ils rapportaient toujours intact.

C'était donc une calomnie quand on disait que les Prussiens ne respectaient rien.

Ils arrivaient au commencement du feu, on ne les revoyait plus qu'à la fin...

Aucun d'eux n'a été blessé.

L'état de siége ne les faisait pas maigrir.

Si j'étais appelé à donner mon avis sur leur utilité, je dirais que beaucoup étaient en campagne un peu ce que l'eunuque est au sérail... mais je m'abstiens... Et puis, n'est pas qui veut l'amant de Bellone.

Parlons des médecins.

Ceux-là ne chômaient pas, et s'ils étaient sensibles au : *Manduca quo melius labores*, ils ne l'étaient pas moins au : *Labora quo melius manducas*.

Que de fois j'ai vu leurs mains ensanglantées et leur front en sueur.

Appelés à donner les premiers soins, ils étaient toujours là; beaucoup n'attendaient même pas qu'on leur apportât les blessés; ils allaient au-devant.

Ils s'occupaient, eux, moins de l'étendard protecteur, que du soldat à protéger.

Le soir, en rentrant, chacun d'eux pouvait dire comme Titus : *Hodi è diem non perdidi.*

Je n'en connaissais aucun particulièrement, on ne pensera donc pas que j'aie été obligé, en disant du bien d'un de mes amis, de ne pas dire de mal de ses collègues, pour la dignité du corps auquel il appartenait.

En les remerciant ici, comme ils le méritent, je ne fais qu'être le nouvel interprète, j'en suis convaincu, de ceux qu'ils ont pansés sur le champ de bataille.

XVIII

Montretout.

La France disait aux siens le 19 janvier 1871 : « Marchez, et vengez-moi ! » et, comme sœur Anne, les yeux fixés sur l'horizon, elle attendait.

Chaque détonation lui allait au cœur, car elle se rappelait Sedan, Metz et Strasbourg !

Elle ne doutait nullement de ceux auxquels elle avait dit : « Allez ! » Elle savait fort bien que pour elle ils brûleraient leur dernière cartouche et donneraient leur dernière goutte de sang, ce qui la faisait trembler, c'était l'idée d'un nouveau désastre. Elle était bien convaincue que les cadets se défendraient comme les aînés, mais elle n'était pas sûre qu'on ne les livrerait point...

Du reste, il ne faut que deux hommes pour cela : un lâche qui présente sa facture, et un autre qui la paie.

Alors c'en était fait! Elle n'avait plus qu'à couvrir son front d'un cilice.

Voilà pourquoi, comprimant les battements de son cœur, vivant entre la crainte et l'espoir, elle attendait en regardant l'horizon.

. . . .

Je ne ferai point ici une seconde description de bataille. Qui en a vu une, en a vu cent.

Elles ont toutes le même cachet d'horreur.

Comme effet, c'est du blanc de céruse jaspé de vermillon.

Comme résultat, c'est la haine qui germe le lendemain à côté de la victoire d'hier.

Peuples, qui devriez fondre vos canons pour en faire des socs de charrue, regardez-vous donc une dernière fois en face, et que ce soit la bonne!

Endossez le sarrau, quittez la capote de soldat!

Videz vos différends avec l'outil du travail, et non avec le tranchant du sabre!

Quand sonnera donc l'heure de la civilisation universelle, si vous la retardez toujours?

Est-ce la force brutale d'un moment qui fait le triomphe durable?

Cessez donc vos luttes fratricides!

Tendez-vous la main pour aimer, n'avancez

plus le bras pour détruire ! On ne retrouve jamais ce qu'on tue !...

. . . .

Nous étions arrivés avant l'aube à Montretout, et nous campions jusqu'à mi-jambes dans les terres détrempées par les pluies précédentes.

Quand pointa le jour, la fusillade commença.

On voyait de loin quelques cordons de nos troupes qui semblaient s'aligner en bataille, et dans les bois, toujours dans les bois, les Prussiens qui démasquaient leurs batteries, ou qui tiraient par des crevasses de murs.

Allions-nous cette fois avancer pour ne plus reculer ?

Allions-nous faire une trouée ?

Hélas ! qui ne connaît le résultat de cette journée !...

Plus de deux cent mille hommes, qui ne demandaient qu'à marcher, restèrent là à regarder une poignée des leurs qu'on envoyait à la mort !

Il y avait bien des pièces d'artillerie, mais pour la forme ; on ne s'en servit point.

Cela vraiment ne ressemblait-il pas à un arrangement ainsi conçu : L'attaque se fera à telle heure... nous vous laisserons avancer « un brin... » mais nous vous assommerons ensuite !

Est-ce là ce qu'on appelle en stratégie sauver l'honneur et les apparences ?

. . . .

La France disait aux siens le 19 janvier 1871 : « Marchez, et vengez-moi ! » et comprimant les battements de son cœur, les yeux fixés sur l'horizon, elle attendait.

Aujourd'hui elle a remplacé son blanc peplum et son écharpe tricolore par des vêtements de deuil.

Elle pleure !

Elle n'accuse personne... elle aime mieux croire à la fatalité !

Quand on parlera d'elle, on dira : « *Elle fut grande!* »

Si elle a été vendue, que le remords soit l'éternel châtiment des traîtres !

Mais ces gens-là ont-ils une âme?...

C'est à Montretout que le 71e bataillon de marche de la garde nationale de Paris a reçu le baptême du feu.

Des anciens de la ligne, qui l'ont vu à l'œuvre, le prenaient pour un régiment de vétérans.

Cela me dispense de tout autre commentaire.

Avec de tels hommes on aurait pu pousser jusqu'à Versailles, mais...

En somme, qu'étions-nous venus faire?

Voir bien des meurtres et recueillir bien des blessés !

Que rapportions-nous de ce dernier combat? Pas même l'aveu d'une défaite !

Le lendemain toutes les troupes rentraient dans les forts.

Le cinquième acte de la comédie devait se jouer à Paris, le 1er mars 1871.

Nous l'avons vu !...

C'est un triste souvenir.

XIX

Deux tombes.

J'ai accordé dans cet humble résumé d'impressions, une place à des vivants, il serait injuste de la refuser à des morts, quand ceux-là surtout ont été à la fois et nos amis et nos compagnons de travail.

Ce n'est point une réclame que je leur réserve ; le vrai courage n'en a pas besoin.

C'est tout simplement un dernier souvenir que je veux envoyer à deux de nos camarades, atteints mortellement dans l'exercice de leurs fonctions. Qu'on ne pense pas que je saisisse cette occasion pour faire miroiter les services rendus au nom de notre drapeau.

Non!

Quand on est persuadé d'avoir rempli son devoir, on a la conscience satisfaite, et cela suffit.

Je ne veux donc, ni pour mes collègues, ni pour moi, mendier aucune approbation. Ce que nous avons fait, d'autres auraient pu le faire.

C'était du domaine public.

Ce que je demande seulement, c'est que ceux qui liront ces lignes ne passent pas, le jonr où parcourant le cimetière Montmartre, ils verraient sur une croix de bois les noms de Vertamy et de Félix, sans ôter leur chapeau.

Qui sait si ces deux victimes du devoir n'ont pas arraché à la mort des membres de la famille de ceux qui honoreront d'un salut leurs froides dépouilles ?

Le sage dit : « *Dans le doute abstiens-toi!* » moi, je dis : « *Salue plutôt deux fois qu'une :* » c'est le moyen de n'être le débiteur de personne.

C'est au fort de Montrouge qu'ils ont trouvé la mort! Elle est venue à eux sans se soucier de ce qu'ils faisaient, sans voir même qu'ils étaient désarmés. Elle les a pris dans la force de l'âge.

C'est en allant porter secours au fils du vice-amiral Saisset qu'ils ont été frappés par des éclats d'obus.

Transportés à l'ambulance de la marine, ils succombaient à leurs blessures quelques jours après. Nous les avons accompagnés jusqu'à leur dernière demeure avec des larmes sincères.

Un détachement de marins escortait leur cercueil.

C'est le plus bel hommage, rendu au dévouement, qu'ils pouvaient emporter dans la tombe.

Nous les reverrons, je l'espère, un jour, et nous les reconnaîtrons facilement, car le temps ne fait que cicatriser la blessure des braves.

Délivrés des soucis de ce monde, que la terre leur soit légère, et qu'ils dorment dans la paix du Seigneur!

On leur a décerné la médaille militaire : cette fois le Comité de la défense nationale ne s'était pas trompé.

Maintenant que j'ai payé ma dette, j'ai la conscience tranquille.

Ainsi soit-il pour bien des gens que je ne nomme pas.

XX

Docteurs et Patriciennes.

La situation de celui qui écrit ressemble fort à celle d'un homme qui fait bâtir.

Le constructeur ne voulait que deux étages, il en élève trois.

L'écrivain ne croyait faire qu'une brochure, il accouche d'un livre.

C'est en raison de cet entraînement, et pour être toujours juste, que j'allonge un peu mon opuscule.

J'avoue que je n'en suis pas fâché ; et puis c'est encore une dette.

Allons-y donc de notre encre.

Mais rentrons pour cela dans les salles d'ambulance.

Voici d'abord Esculape en bottes molles et en tenue d'ordonnance, c'est le maître de céans ;

puis les grandes dames qui, laissant le matin leurs pénates pour se faire infirmières, gravitent autour de lui.

Le dieu de la médecine n'eût jamais autant de crinolines... à ses trousses.

Le docteur, auquel il incombe la direction des salles, a au moins soixante ans.

Il a neigé sur son front.

Sa physionomie ouverte respire la bonhomie.

Il a l'âme à la hauteur de son courage.

En fait de services, s'il vous refuse, c'est que vous lui avez demandé l'impossible.

Il est décoré de différents ordres.

S'il portait tous les insignes qui lui ont été conférés, on ne verrait plus sa poitrine.

Comme praticien, sa valeur scientifique est incontestable; comme homme privé, il jouit de la considération générale.

Avec ma nature un peu misanthropique, j'aurais voulu lui trouver des travers, je ne rencontre que des qualités.

Ça me vexe.

J'ai l'honneur d'offrir à M. le docteur Chenu mes respects et ma profonde estime.

Un dernier mot : le jour où il payera sa dette

à la nature humaine, son oraison sera délicate à faire.

Si l'on dit toute la vérité, ça rapetissera l'auditeur; si l'on en dit que la moitié ce sera commettre une injustice.

Une seule chose peut tout concilier, c'est de mettre sur son mausolée :

Honneur et Patriotisme !...

Passons à son état-major... en jupons.

En vérité, je vous le dis, mesdames, je ne sais comment vous mettre en scène.

D'un côté, si je vous décollète trop, vous ferez la moue; de l'autre, si je vous laisse encapuchonnées, vous ne serez pas contentes : soufflez-moi donc, je vous prie, ce qu'il faut que je dise.

Quand on parle d'une femme, vous le savez, le sujet est épineux.

Aux yeux des méchantes langues, en dire du bien c'est passer pour ce qu'on n'a jamais été...

En dire du mal, c'est faire croire qu'on a de la rancune.

Vraiment ! vraiment ! je suis embarrassé.

Cependant, il faut que je sorte de l'impasse.

Essayons.

Je suis trop pauvre pour oser me présenter chez vous, vous n'aurez donc pas de votre côté le souci d'être obligées de me remercier :

Vous êtes trop haut placées pour songer jamais à venir chez moi, je n'aurai donc pas du mien la gêne de vous recevoir.

Partant de ce point, nous restons neutres et plus à l'aise.

Marquises, comtesses, baronnes, qui, dans ces temps néfastes, êtes accourues apporter au lit de nos pauvres blessés vos soins et vos veilles, vos paroles d'ange et vos parfums de femme, à vous l'hommage du respect, à vous la reconnaissance du cœur!

Vous avez entendu bien des cris de souffrance, mais vous avez eu le bonheur de tarir aussi bien des larmes!

Ce que vos mains ont fait, n'était qu'œuvre terrestre, mais ce qu'ont dit vos lèvres était l'inspiration d'un souffle surhumain.

Qui que vous soyez, pécheresses ou non dans le monde, soyez bénies.

Soyez bénies, patriciennes, que les plaies humaines n'ont point arrêtées dans le sentier du devoir! Soyez bénies, sœurs passagères de charité qui avez égrené sur les malheureux le chapelet de vos bontés et les sourires de votre âme !

Reprenez maintenant vos occupations familières, la guerre est finie.

On vous a vues à l'œuvre : vous pouvez mourir sans confession.

. . . .

Ces quelques lignes que je lis à un ami, m'attirent l'épithète de « courtisan. »

Je lui réponds qu'il est un niais.

Lequel des deux est dans le vrai ?

Docteur, et vous, mesdames, veuillez trancher la question, s'il vous plaît.

XXI

Fiat lux.

Je croirais manquer à mon devoir si je ne consacrais, avant de finir, quelques mots à trois personnages émérites de la Société internationale.

Je prie le lecteur de croire que la vérité accompagne seule ma plume, et que ce n'est point, mû par un besoin d'encens ou d'intérêt, que je mets en relief les hommes dont je vais l'entretenir.

Je fais dans cette circonstance purement et simplement un acte de justice.

Qui ne connaît l'habitant du n° 9 de la rue des Saussaies, et quand on parle d'un service rendu, qui ne nomme de suite M. le comte de Flavigny ?

Agé et riche, M. de Flavigny pouvait, sans se

créer bien des fatigues et des veilles, jouir du repos que les années font désirer au corps, et des douceurs que la fortune permet à qui la possède.

A-t-il fait cela ? non.

Quand la guerre a été déclarée, il a compris qu'il lui incombait une haute mission à remplir ; et, sans se soucier des entraves et des labeurs il est venu bravement se mettre sur la brèche malgré ses cheveux blancs.

Une Société de secours s'est formée sous ses auspices.

Nommé président, il a fait pour elle ce qu'un père fait pour ses enfants. Aucun sacrifice ne lui a coûté, et toute souffrance qui n'a pas été calmée était un cri d'appel qui partait de trop loin.

Le président de la Société de secours est son propre secrétaire, et fait ses affaires lui-même.

Il s'en est toujours trouvé fort bien, et ceux qui l'approchent n'en sont que mieux entendus et plus vite aidés.

Caché dans mon petit coin, j'ai parfois eu l'occasion de le voir à l'œuvre ; je sais comment il agit.

Comme le bien que je pourrais dire de lui resterait au-dessous de la réalité, je préfère garder le silence.

M. de Flavigny n'avait certes pas besoin des malheureux événements qui se sont accomplis pour avoir sa page dans le monde de la philantrhopie , il l'avait depuis longtemps aussi grande que possible et dignement méritée.

M. le comte de Flavigny est aujourd'hui, et restera une des figures de l'époque.

Un ministre a signé son brevet pour la postérité le 17 juin 1871.

Maintenant que je vous ai montré le chêne, laissez-moi vous présenter deux de ses plus robustes branches : MM. les comtes Serurier et de Beaufort, l'un vice-président et délégué du ministère de la guerre et de la marine, l'autre secrétaire général de la Société.

M. le comte Serurier peut avoir cinquante à cinquante-cinq ans ; il a l'activité d'un jeune homme.

C'est, en toutes choses, un excellent organisateur.

Il porte le cachet de l'ancienne école, de l'école où l'on faisait des hommes ; il en a conservé toutes les traditions. D'un abord facile, il sait se mettre à la hauteur de chacun, et les paroles qui tombent de ses lèvres sont toujours bienveillantes.

Apôtre du bien, il flagelle impitoyablement le mal, et quiconque se présente à lui pour réclamer un droit, ne s'éloigne jamais mécontent.

C'est le bouclier de la loyauté et l'incarnation de la franchise.

M. le comte de Beaufort est aussi de ceux sur le front desquels ont passé quelques hivers.

Sa figure est des plus sympathiques : c'est le gentilhomme par excellence.

Son sourire respire la bienveillance, et dans son regard on devine une âme noble.

C'est un homme d'action qui procède sans forfanterie, et qui ne recule jamais.

Il sait affronter le péril. En voici la preuve :

Un matin, le palais de l'Industrie se trouve entouré de communeux.

Un nommé Rousselle, professeur d'orgie et de haute équitation en immoralité, se présente au nom du ministre de la guerre pour s'emparer du matériel de la Société et surtout de la caisse, en première ligne, bien entendu.

Résister à des gens dont le mobile est le pillage d'abord, et l'incéndie après, n'était pas chose facile.

Ils étaient armés ; ils étaient les maîtres : il y avait donc là un véritable danger.

Cependant on ne pouvait se laisser voler sans protester.

Rousselle voulut crier, M. de Beaufort parla.

Rousselle montra les ongles, M. de Beaufort montra les dents.

Rousselle comprit à qui il avait affaire; il mit de l'eau dans son... vinaigre.

On le laissa s'installer au palais, mais on le surveilla.

Ce qu'il y fit salirait ma plume si je l'écrivais. Ce que je puis dire, c'est qu'au bout de quelques jours, il fut flanqué à la porte avec tous les égards dus à ses hautes qualités.

On fut obligé, par mesure d'hygiène, de jeter du chlore partout où il avait séjourné.

Le directeur éphémère de nos ambulances se fit alors donneur de concerts.

C'est donc à la résistance énergique de M. de Beaufort que la Société doit aujourd'hui d'avoir conservé ce qu'elle a.

M. de Beaufort, qui est la modestie même, trouvait qu'il n'avait fait que son devoir. Sans doute! mais, soit dit en passant, ce devoir, par contre, n'était-il pas une leçon donnée à certains membres du Conseil qui s'étaient réfugiés à Versailles?

Achevons en disant hautement, et au nom de mes camarades de brancard que M. de Beaufort a bien mérité de la Société.

En vous réitérant ici, messieurs de Flavigny, Serurier et Beaufort, mes excuses pour des lignes où l'appréciation d'un simple brancardier n'est certes point à la hauteur de votre valeur personnelle, permettez-moi de dire cependant une seconde fois à ceux qui les liront que je les ai écrites avec toute la sincérité de mon jugement et le franc-parler d'un homme qui ne flatte pas.

XXII

Le coup de l'ètrier.

On nomme universellement « *le coup de l'é-trier*, » le moment qui précède de quelques minutes la séparation des convives.

C'est dans ces quelques secondes que se traduisent ordinairement toutes sortes d'épanchements.

Je dérogerais à cette habitude, si je ne faisais comme tout le monde.

Je dirai donc à la Société internationale ce que j'ai sur les lèvres.

Epanchons-nous.

La Société internationale, en faisant tout ce qu'elle a pu, a laissé encore plus d'une lacune derrière elle.

Dame! on n'est pas parfait!

En tenant compte pour l'avenir et dans le cas,

ce que je suis loin, bien loin de souhaiter, où la guerre recommencerait, des fautes ou des oublis qu'elle a pu commettre, elle arriverait inévitablement à tripler l'étendue de ses services.

On parvient ordinairement à ce résultat par le choix des hommes qu'on emploie.

Différents personnages de souche étrangère seraient surtout à éliminer, s'ils se représentaient.

Plus de fats ! plus de poseurs! ces créatures-là compromettent !

J'appelle son attention sur ce point.

Si elle ne me croit pas, qu'elle sonde le public.

Caveant consules !...

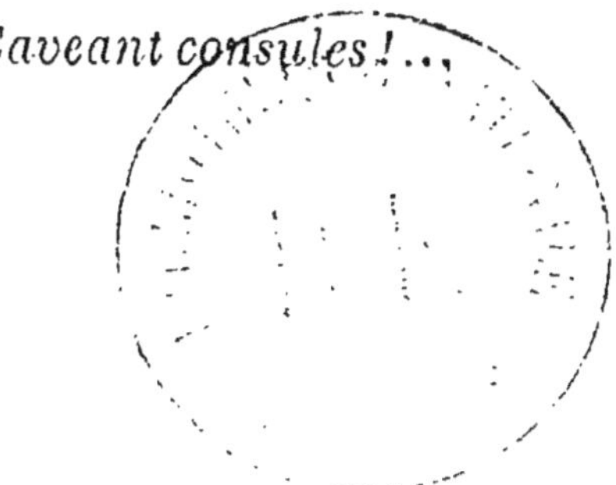

V. DERHEIMER.

www.ingramcontent.com/pod-product-compliance
Lightning Source LLC
LaVergne TN
LVHW020354230826
846091LV00003B/1098
9782012991538